小菅くみ

Kumi Kosuge

小菅くみの刺繍

どうぶつ・たべもの・ひと

文藝春秋

はじめに

まずはじめに、私は不器用です。家庭科の成績も良くありませんでした。

それをお伝えしてから、皆さんにはこの本を見て頂きたいのです。

刺繍は、器用で無くても、どこに居ても、少しの道具さえあれば気軽に始められる手仕事です。一針一針時間をかけて刺すひと時は、穏やかで愉しく、また集中力も高まるので心がとても整います。少しずつ刺していき、世界にたった一つの作品が完成した時には何事にも代え難い喜びがあります。改めて「手仕事」の素晴らしさに出会えるのです。

本書では簡単なモチーフから、時間を費やし手の掛かる、とてもめんどくさいものまで紹介しています。何でもすぐ手に入り、合理的な時間を選べる今だからこそ、この「めんどくさい」を是非愉しんで欲しいのです。

最後になりましたが、私の刺繍を楽しんでくれて「本を作りませんか」と声をかけて下さり、根気よくお付き合い頂いた編集の臼井良子さん、デザインの野中深雪さん、撮影の鈴木七絵さん、応援してくれた友人、家族に感謝致します。

この本を見て皆さんの心がワクワクしてもらえたら幸いです。　小菅くみ

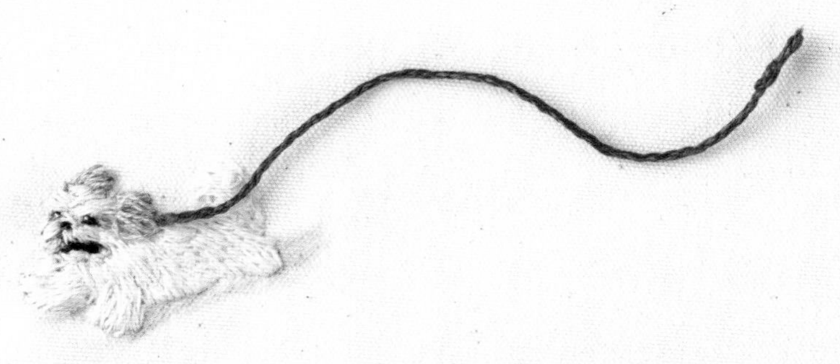

もくじ

どうぶつ

たべもの

ひと

How to make

どうぶつ

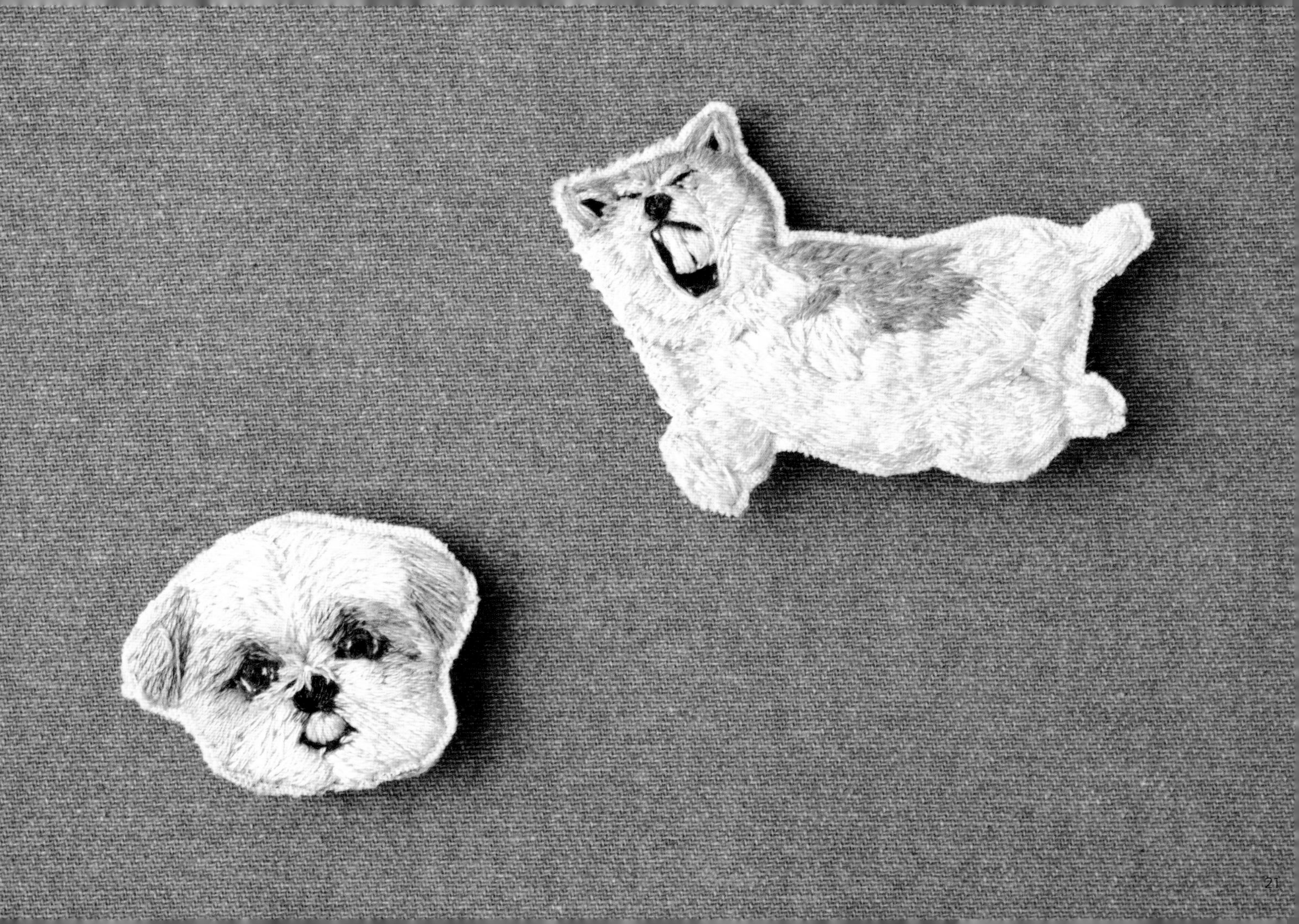

たべもの

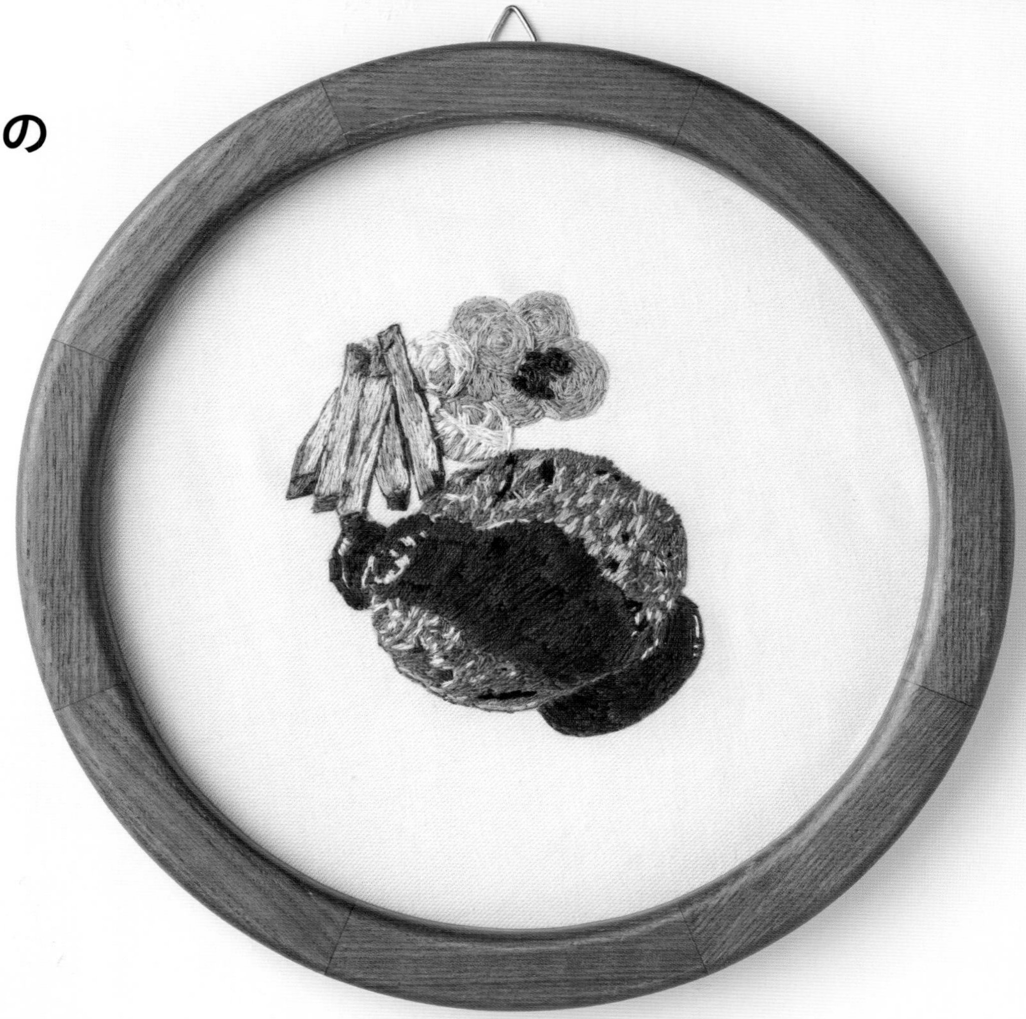

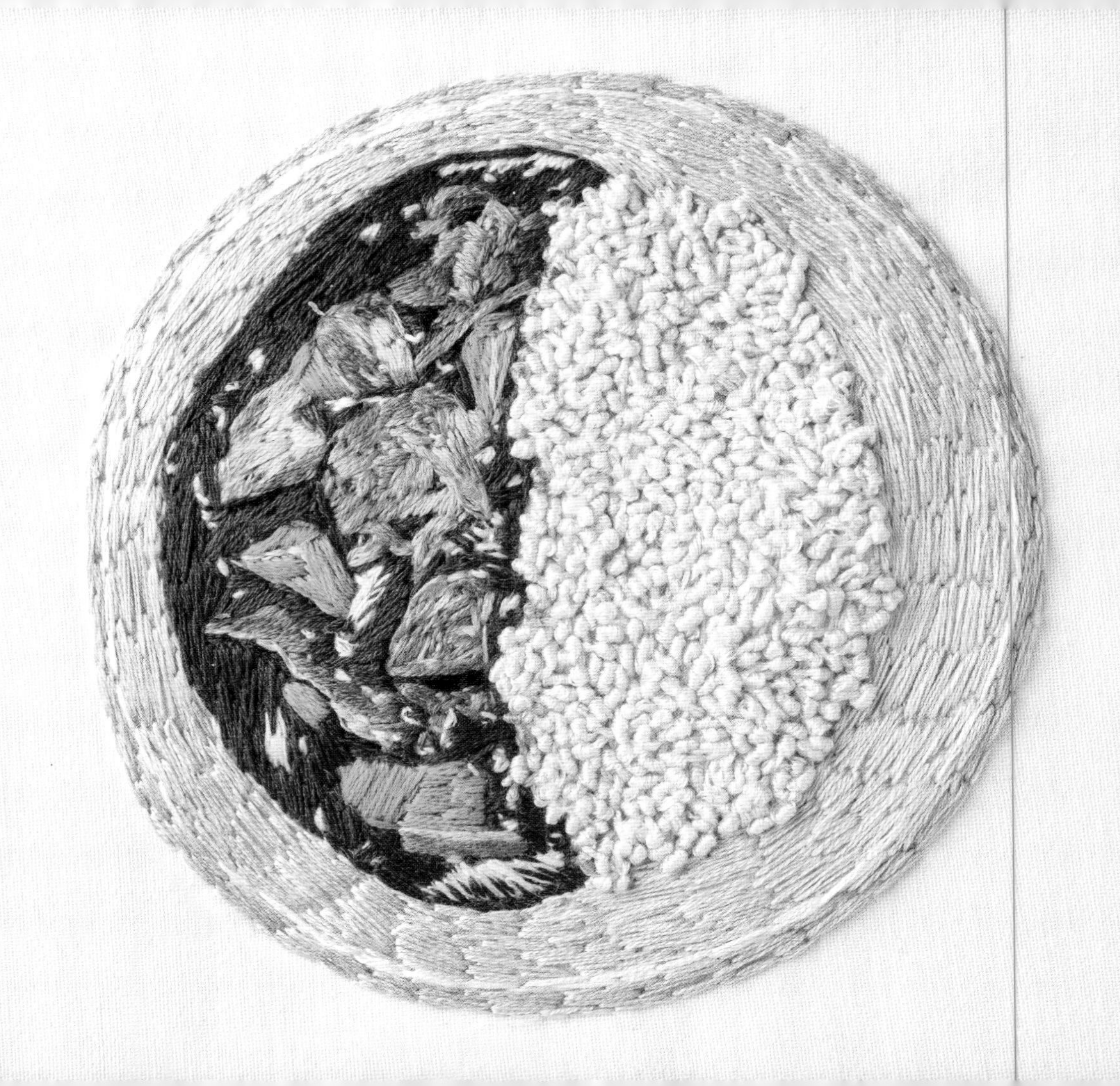

ボトル 2000円
BEER ···· ¥600
SERVICE
シューマイ
SYU-MAI
500yen
餃 子
gyo — za
500yen
肉団子
MEATBALL
1500yen
炒 飯
FRY RICE
800yen
鶏炒飯
五目炒飯
カレーライス
600円
天津丼
EGGSANDRICE
950yen
チャーシューメン
PORKANDNOODLE
800yen
ラーメン
HOT NOODLE
500 yen
五目そば
VEGETABLEANDNOODLE
750yen
五目焼きそば
CHOW MEIN
850yen

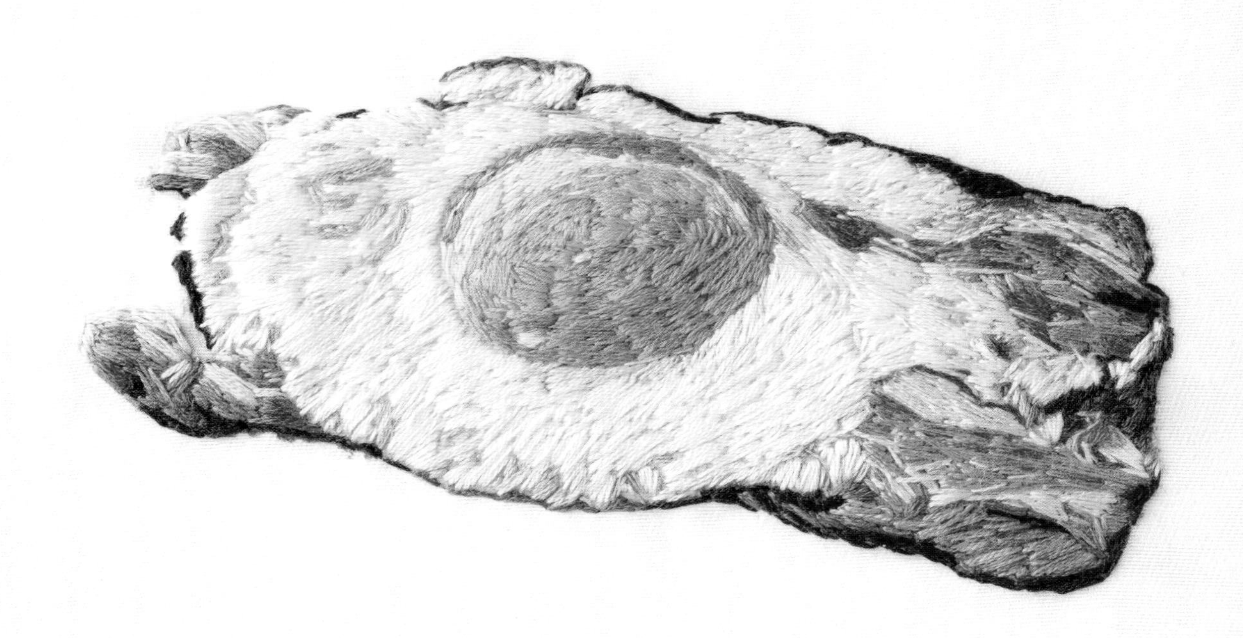

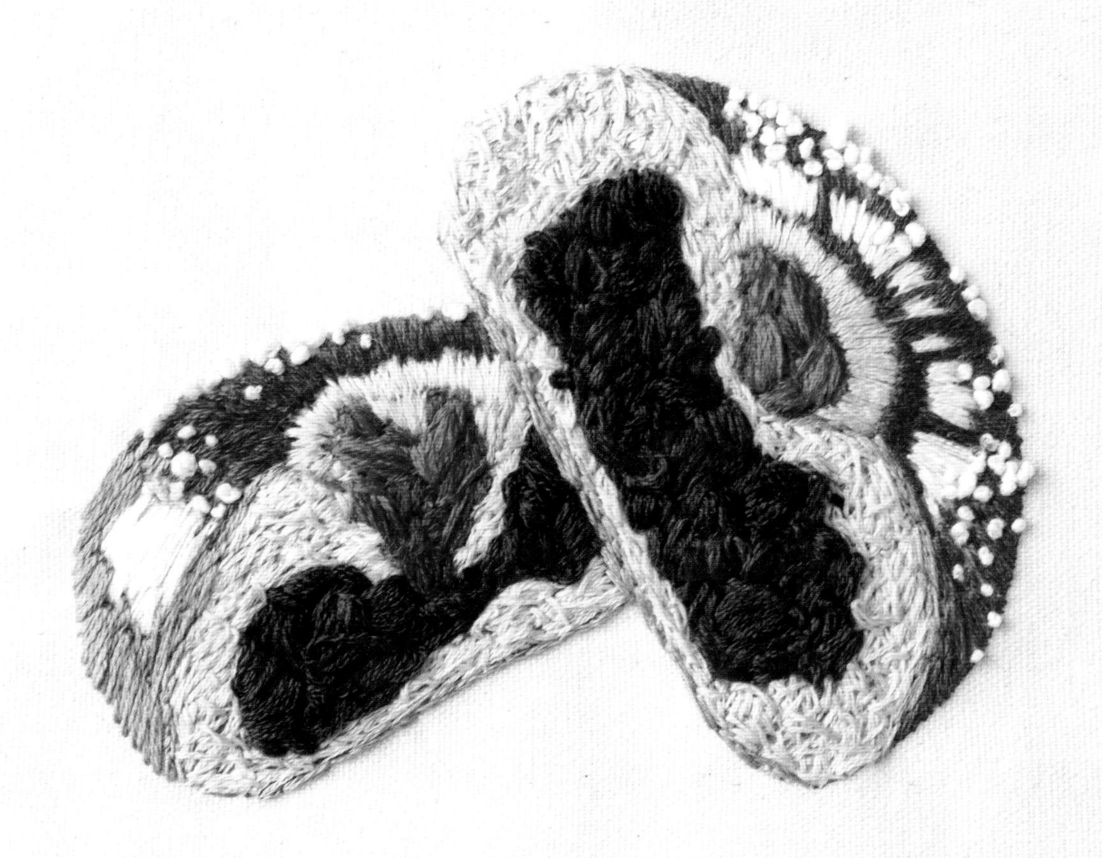

ひと

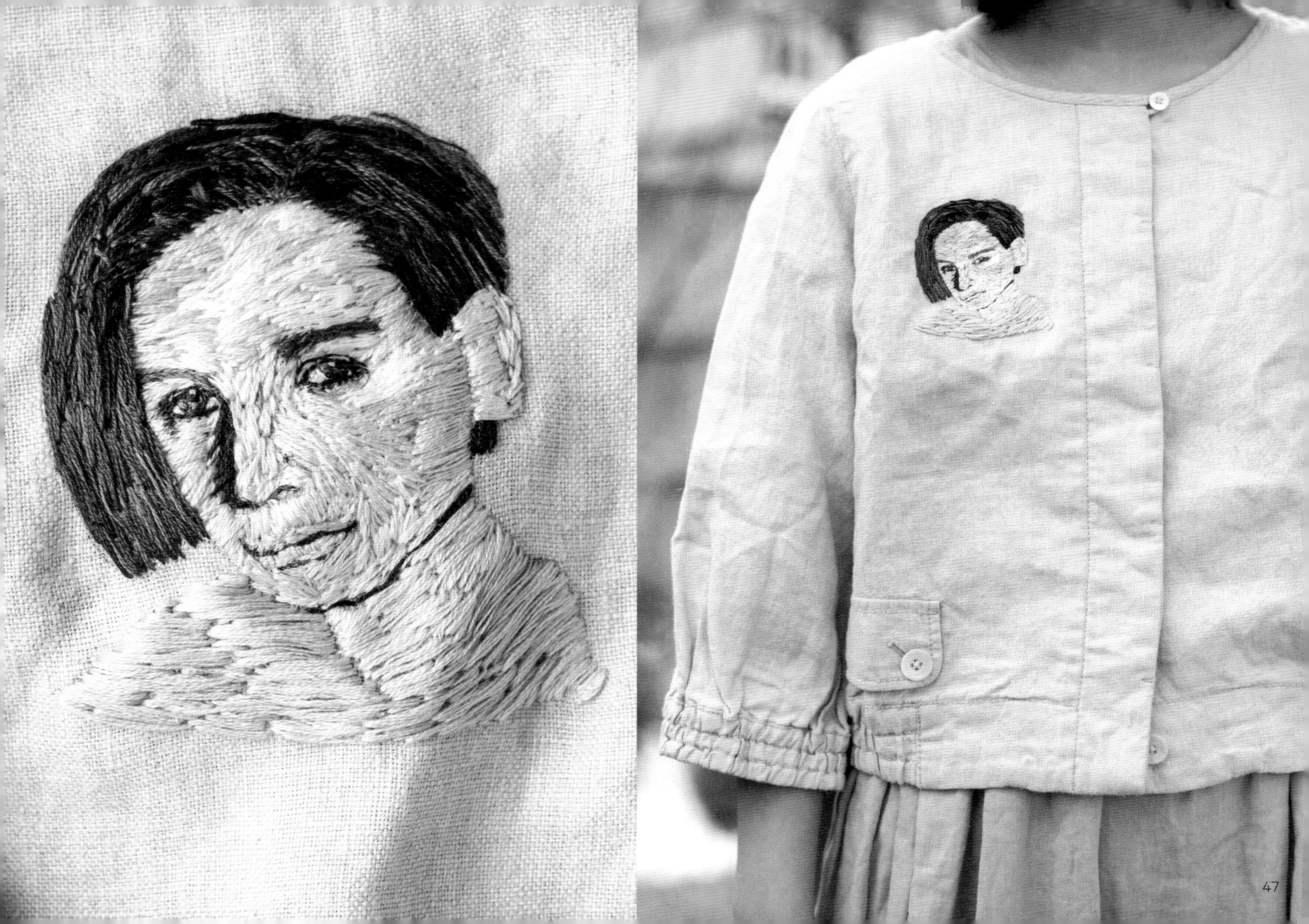

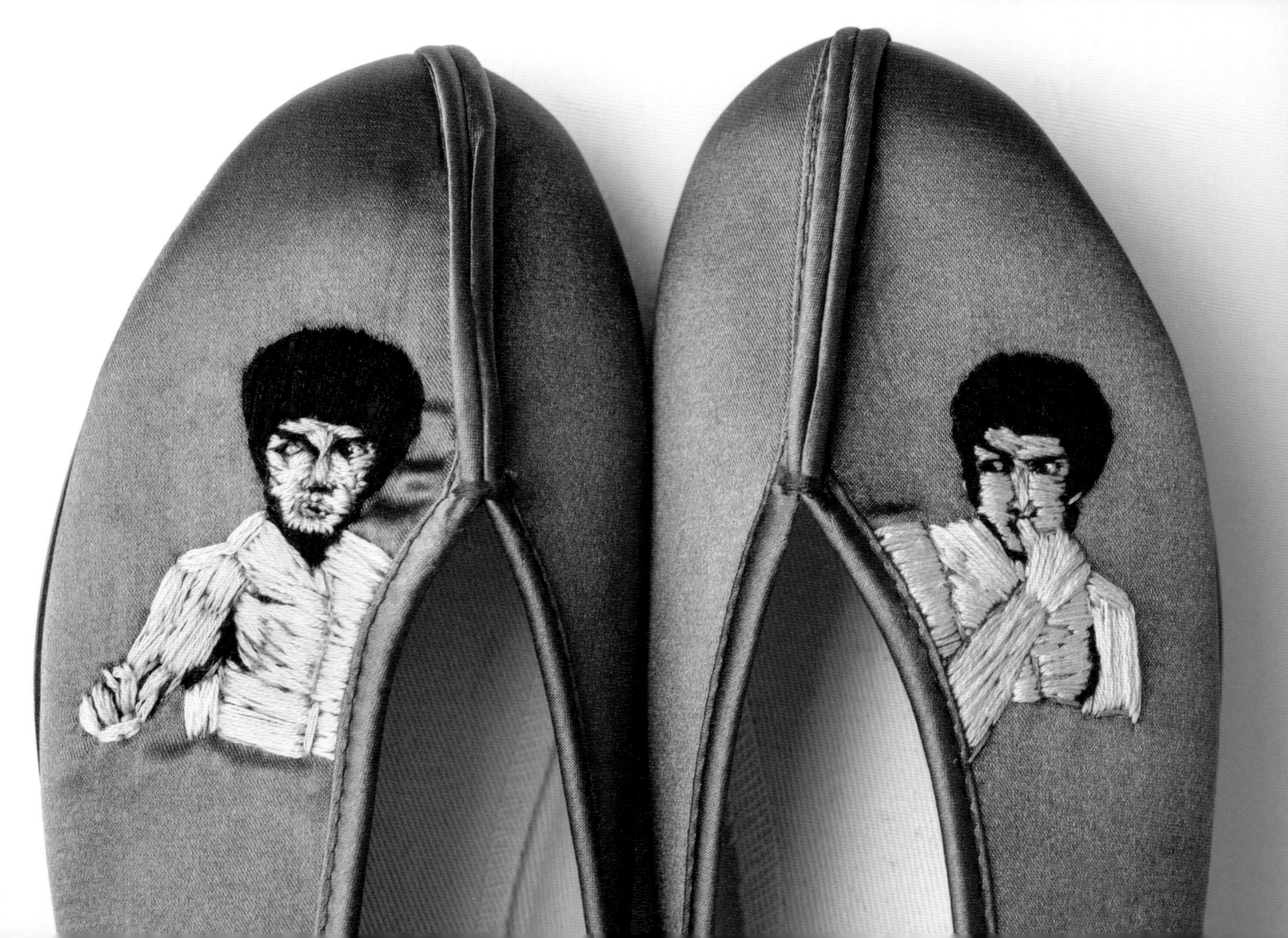

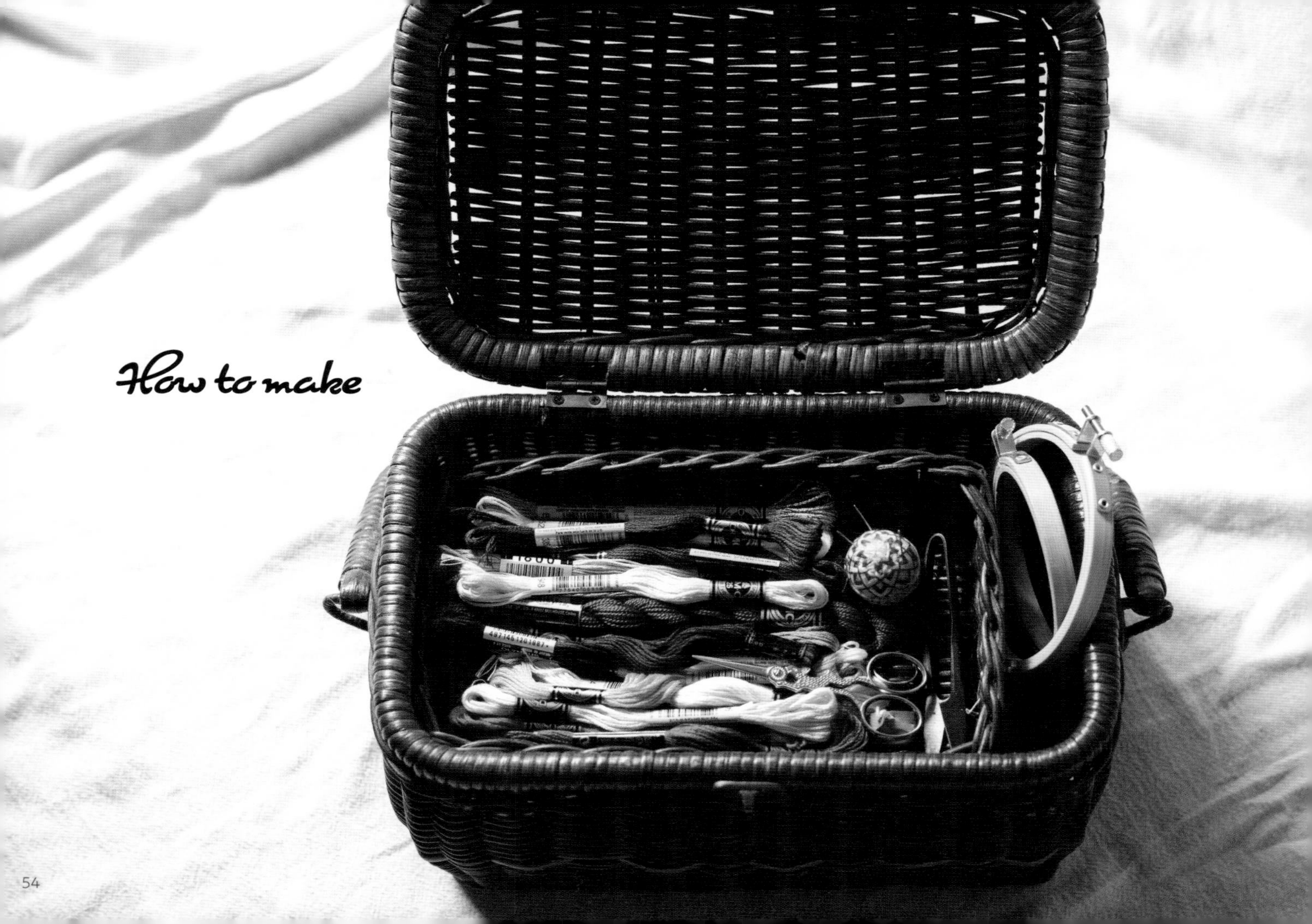

How to make

道具

チャコペン・チャコペーパー

布に図案を描いたり写したりする際には、水や熱で消えるペンや、水で消える片面複写紙が便利です。私は、時間が経てば自然に消えるペン「チャコエース－II」を愛用しています。

刺繡糸

刺繡糸の番号は1グラムあたりのメートル数を表していて、数字が小さいほど太い糸になります。いちばんよく使われるのは25番です。2本の糸で刺す場合は「2本取り」、3本の糸で刺す場合は「3本取り」といいます。糸は6本が束になった状態で販売されているので、6本まとめて40～50センチ程度でカットし、そこから必要な本数を糸と糸の間に指を入れながらゆっくりと抜いていきます。

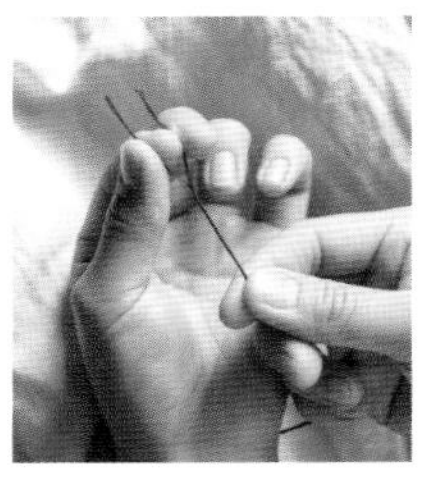

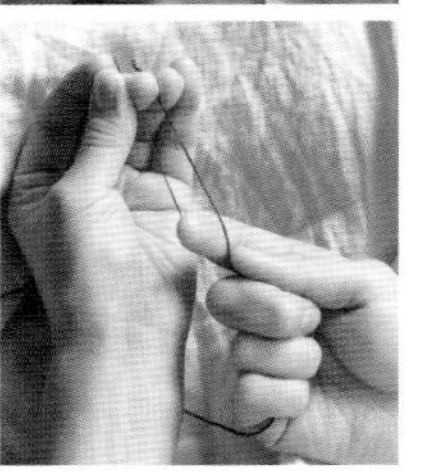

刺繡針

針にも番号があり、こちらも数字が小さいほど太く、大きくなるにつれ細くなります。針の太さは、布の厚さと糸の太さや本数、ステッチなどで使い分けます。何種類かの針がセットになっているものを用意しておくと便利です。針に糸を通すときは、左手の指で挟んで固定した糸の先端を目指して、右手で持った針のほうを寄せていくと通しやすいです。

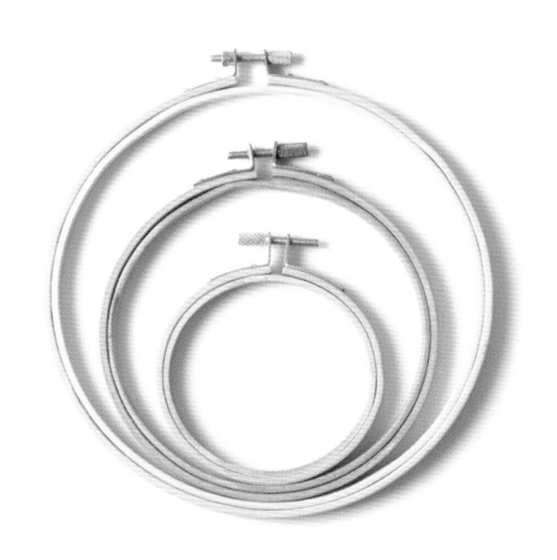

糸切りばさみ・裁ちばさみ

糸切りばさみは、先が細いものが使いやすいです。裁ちばさみは布を切るときに使います。

刺繍枠

枠がなくても刺せますが、枠を使うと、布のツレを防いで刺すことができます。平らな台の上に内枠を置き、その上に図案が中央にくるように布を重ねて、布の上から外枠をはめます。布目を整えてネジを締め、布がピンと張った状態にします。

布・無地製品

針が通りやすく、表面の平らな布が刺しやすいです。目が粗すぎたり、薄すぎたり、厚すぎたりする布はおすすめしません。図案を写す前にアイロンをかけて布目を整えておきます。無地のバッグやキャップは、ユザワヤやオカダヤのような手芸店やネットショップなどで購入できます。

基本のステッチ

Straight stitch

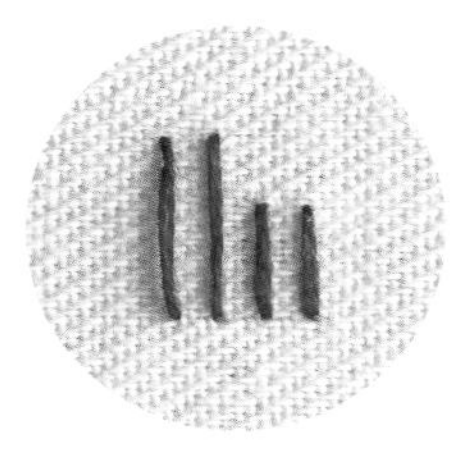

ストレートステッチ

短い線を描くときに使う基本的なステッチです。糸の本数によって違う雰囲気が楽しめます。糸をピンと張らずに布から浮かせて縫うとふわふわとした質感を表現できます。

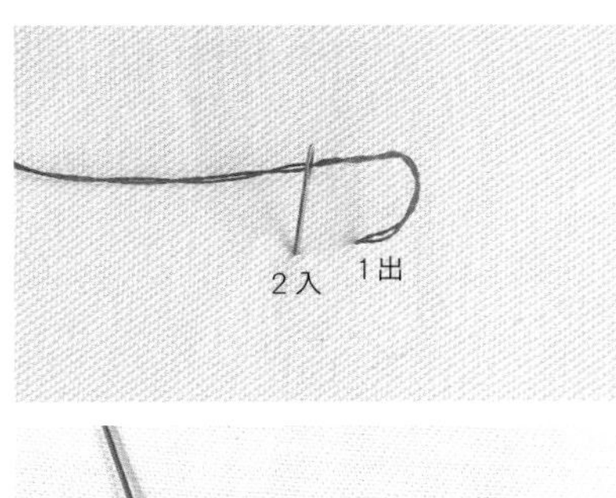

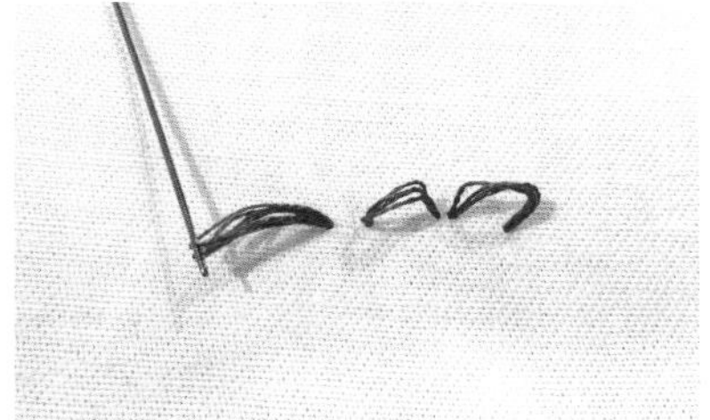

浮かせたストレートステッチ

Outline stitch

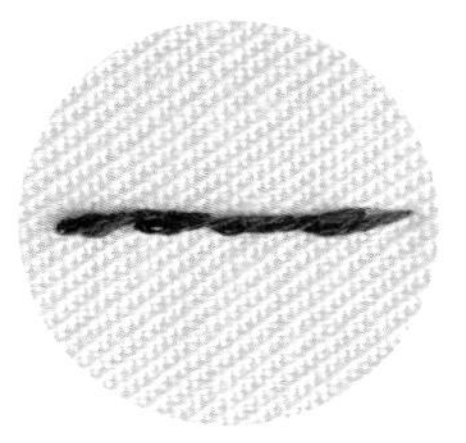

アウトラインステッチ

輪郭線を表現するのに使うステッチです。刺し始めは布の裏側から針を入れて、図案の線の上に糸を出しておきます。針を入れては半分戻るを繰り返し、左から右に刺し進んでいきます。カーブでは細かめに刺すときれいに仕上がります。

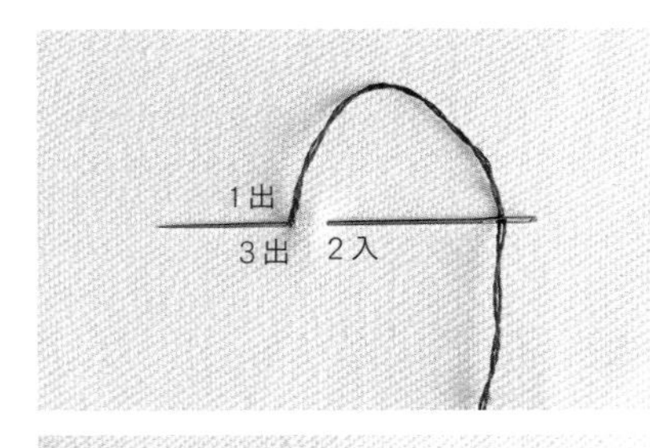

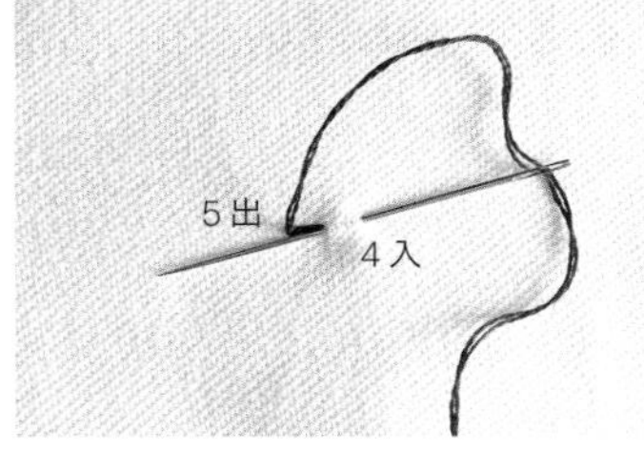

Running stitch

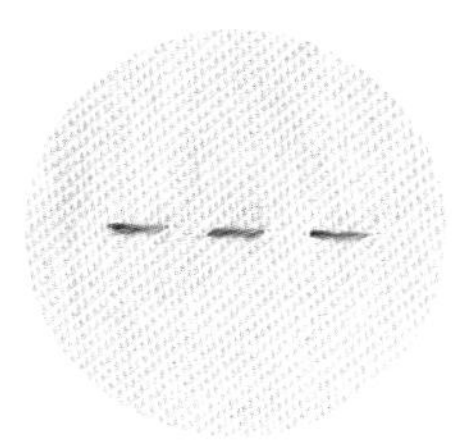

ランニングステッチ

点線を描くステッチです。なみ縫いと同じ手法で、図案の線の上で表、裏、表、裏と交互に針の出し入れを繰り返して、右から左に縫い進めます。針目の長さを揃えて刺すことがポイントです。

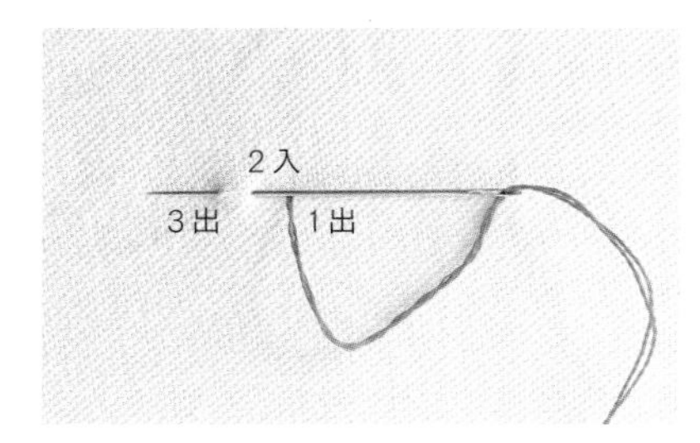

Satin stitch

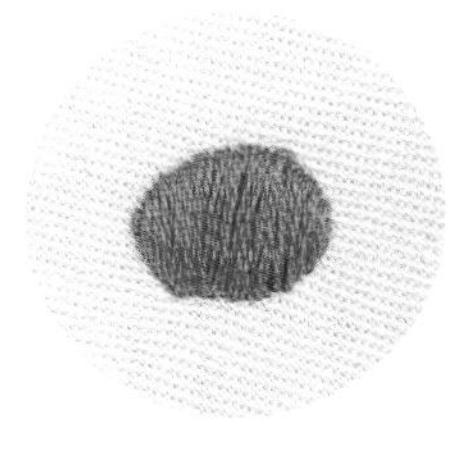

サテンステッチ

図案の端から端まで糸を平行に渡して刺し、面を埋めていくステッチです。立体感を出すことができます。

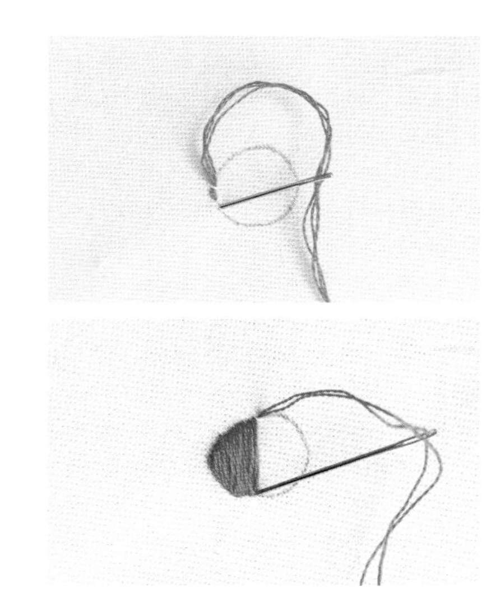

French knot stitch

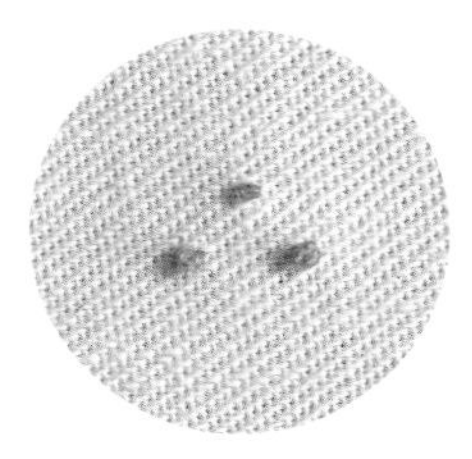

フレンチノットステッチ

針に糸を巻きつけて結び玉を作るステッチです。糸を巻くのは2回が基本。大きな結び目にしたい場合は、巻く回数を増やすのではなく、糸の本数を増やしましょう。フレンチノットステッチで面を埋めるときは、隙間ができないように。

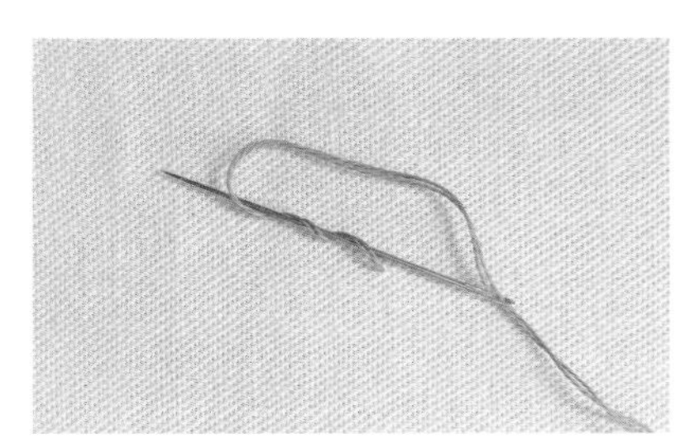

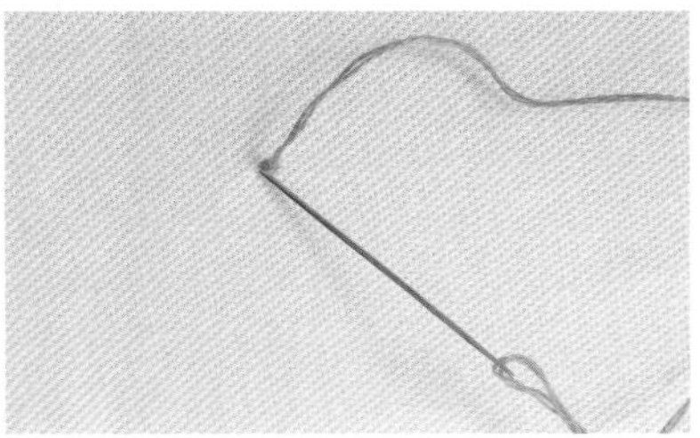

Chain stitch

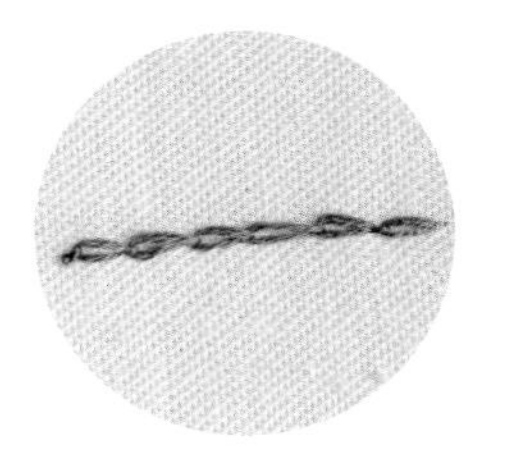

チェーンステッチ

鎖のようにループを繋げていくステッチです。幅のある線を簡単に作ることができます。ループの大きさを揃えることと、糸を強く引きすぎてループが潰れないように気をつけましょう。縫う角度を変えるときは、図案の少し内側を刺すことを心がけて。

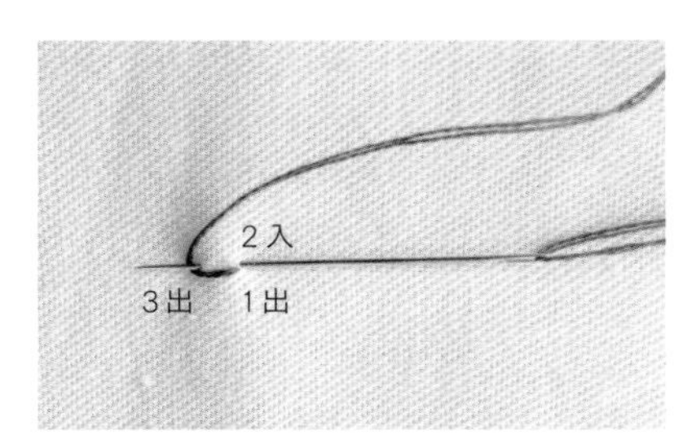

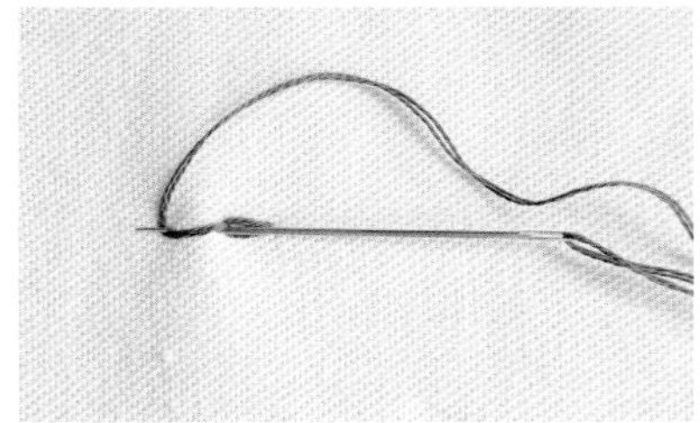

レイジーデイジーステッチ

チェーンステッチを1個でとめるステッチです。小さな花や葉を表現するのにおすすめ。糸を引きすぎるとふっくらとした仕上がりにならないので注意が必要です。

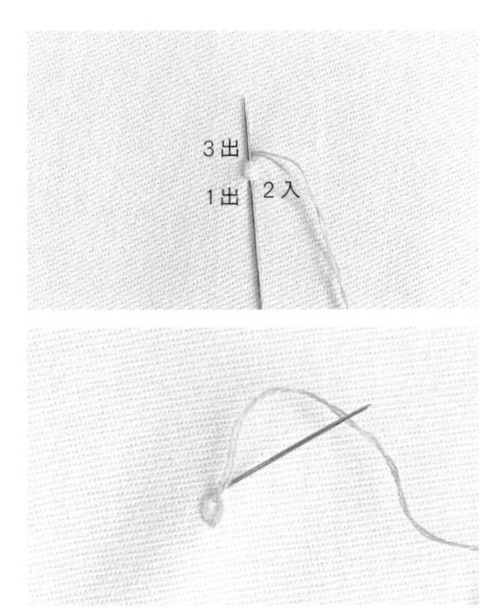

ロングアンドショートステッチ

図案の端から長い針目と短い針目を交互に1段ずつ刺して面を埋めていきます。となりの糸との隙間を作らないように刺していくときれいに仕上がります。動物の毛並みを表現するのに適したステッチです。

猫ブローチの作り方

1 布に下絵を描きます

2 毛の模様や目の枠など濃いグレーの部分を刺します

3 目の中、鼻を刺します

4 毛の模様の薄いグレーの部分を刺します

5 顔の中の白い部分を刺します

6 耳の中（ピンク）を刺します

7 耳の白い毛の部分を刺します

8 髭を刺します

9 裁ちばさみで刺繍の周囲を適度な大きさに切ります

10 裏側に布を折りやすいように切り込みを入れます

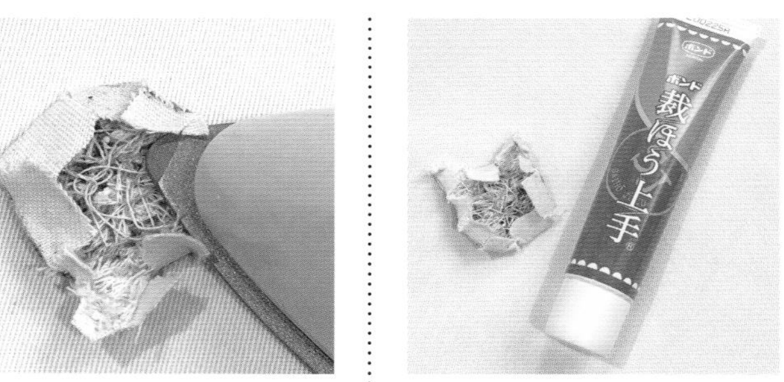

11 周りの布を裏側に折り、
アイロンやコテで折り目をつけます

12 布用ボンドで折った布を裏側に貼り付けます

13 フェルトを刺繍より少し大きめに切ります

14 切ったフェルトにブローチピンを縫い付けておきます

15 12のボンドが乾いたら再度、裏全体に布用ボンドを塗り、14のフェルトに貼り付けます

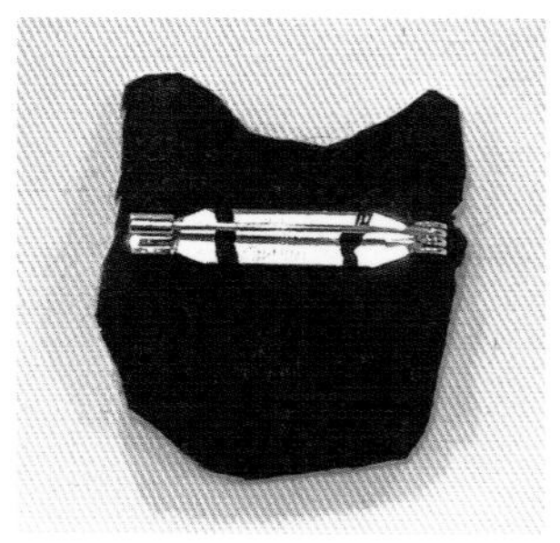

16 15が乾いたら、裁ちばさみではみ出したフェルトを丁寧にカットして完成です

図案

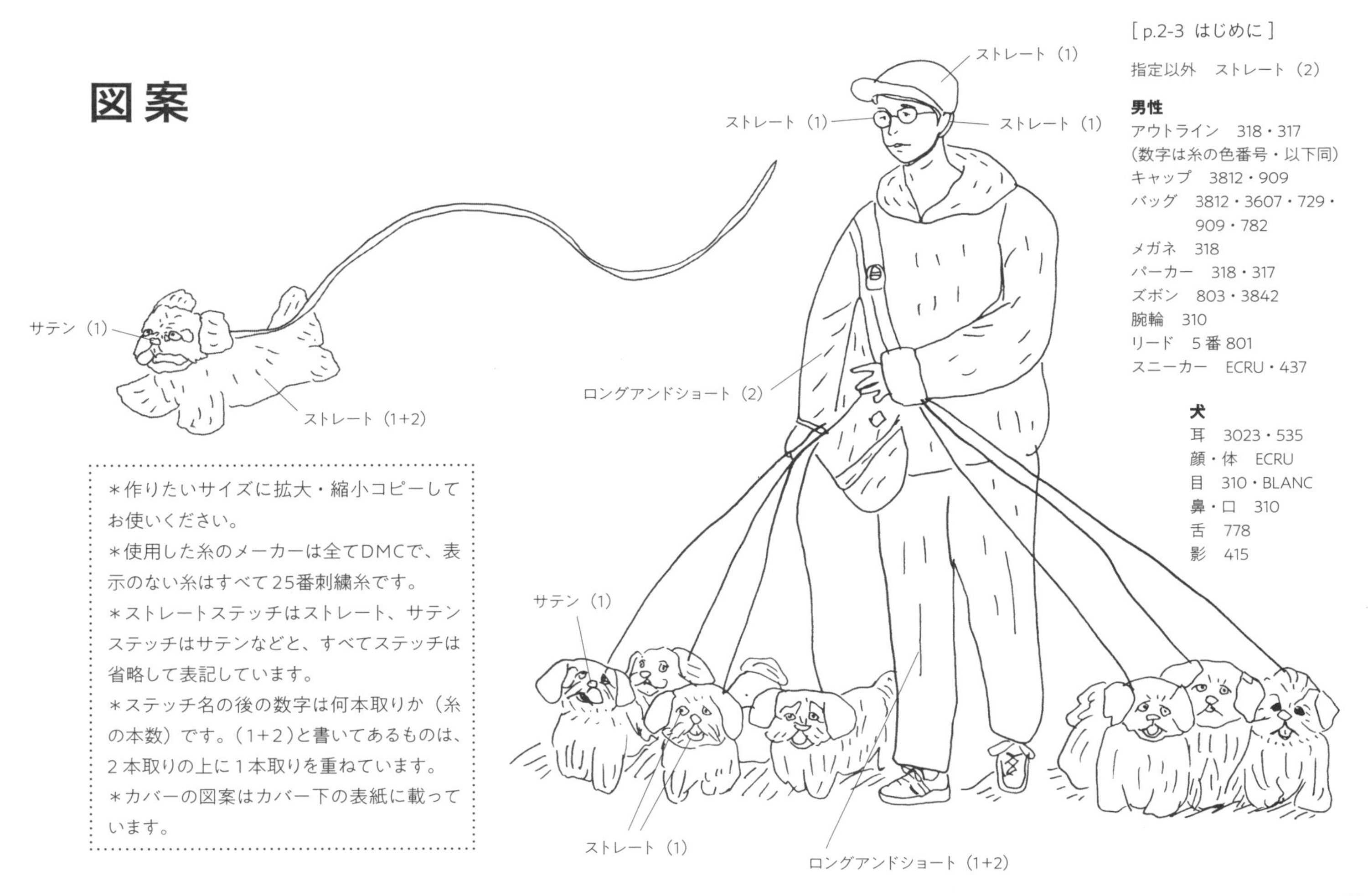

［p.2-3 はじめに］

指定以外　ストレート（2）

男性

アウトライン　318・317
（数字は糸の色番号・以下同）
キャップ　3812・909
バッグ　3812・3607・729・909・782
メガネ　318
パーカー　318・317
ズボン　803・3842
腕輪　310
リード　5番 801
スニーカー　ECRU・437

犬

耳　3023・535
顔・体　ECRU
目　310・BLANC
鼻・口　310
舌　778
影　415

＊作りたいサイズに拡大・縮小コピーしてお使いください。
＊使用した糸のメーカーは全てDMCで、表示のない糸はすべて25番刺繍糸です。
＊ストレートステッチはストレート、サテンステッチはサテンなどと、すべてステッチは省略して表記しています。
＊ステッチ名の後の数字は何本取りか（糸の本数）です。（1+2）と書いてあるものは、2本取りの上に1本取りを重ねています。
＊カバーの図案はカバー下の表紙に載っています。

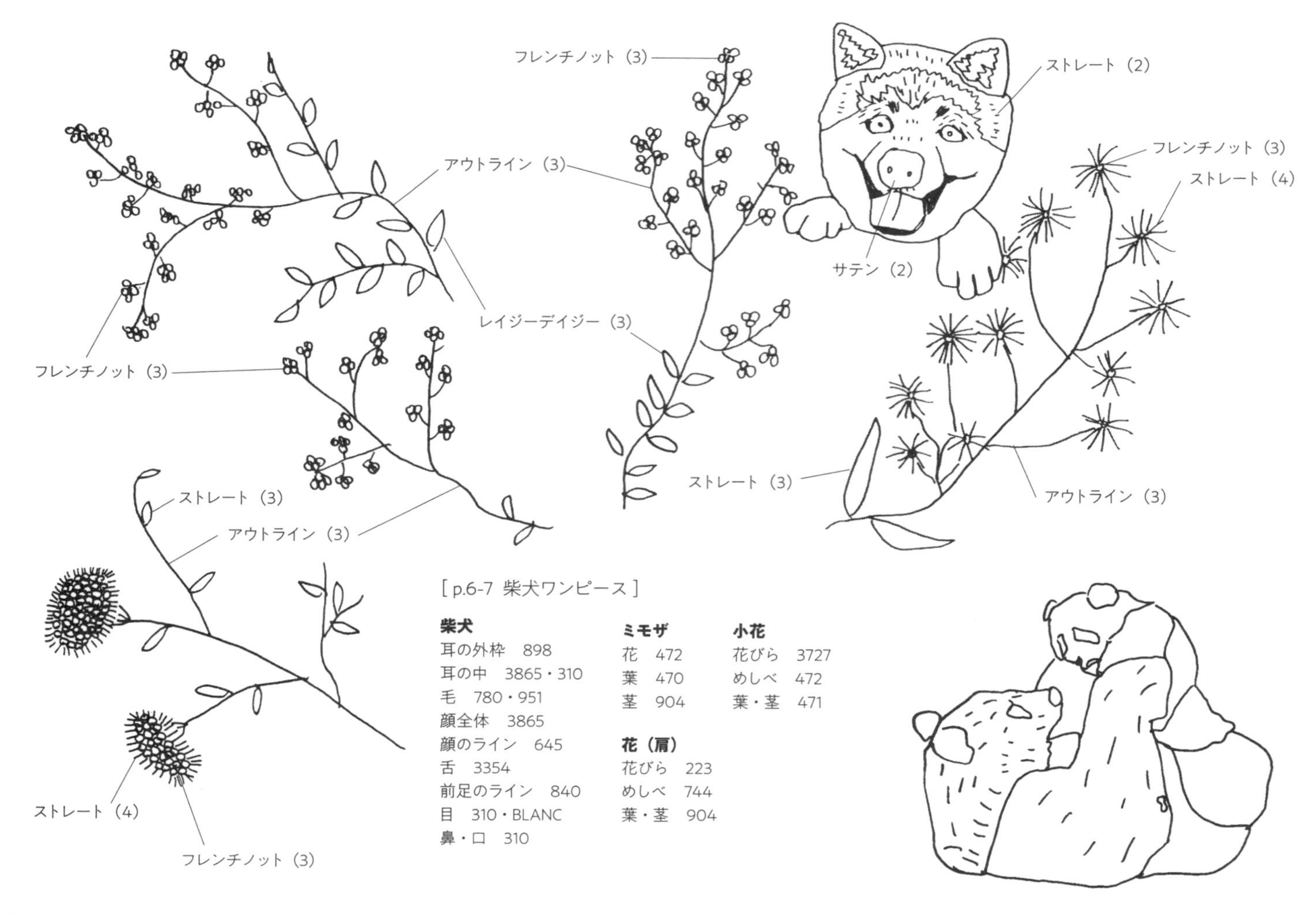

［p.6-7 柴犬ワンピース］

柴犬
耳の外枠　898
耳の中　3865・310
毛　780・951
顔全体　3865
顔のライン　645
舌　3354
前足のライン　840
目　310・BLANC
鼻・口　310

ミモザ
花　472
葉　470
茎　904

花（肩）
花びら　223
めしべ　744
葉・茎　904

小花
花びら　3727
めしべ　472
葉・茎　471

[p.10-11 パンダ]

すべて　ストレート（2）

毛（白）　BLANC
毛（黒）　310
笹　581

[p.8-9 犬猫トートバッグ]

指定以外　ストレート（1+2）

女性
髪・眉毛　310
目　BLANC・310・561
肌　225・963
口　3326
鼻・首の影　318・415
服　502

犬（左）
毛　436・438・739・
738・415・434
目　310
耳　3371・BLANC
リボン　3833

猫（中央）
毛　414・317
目　310・597
鼻　3727
口　310
ヒゲ　E5200

猫（白）
毛　ECRU
目　310・742
口・鼻　310・3727
ヒゲ　E5200

犬（右）
毛（茶）　898
毛（白）BLANC
耳　436
舌　3688
目・鼻・口　310

浮かせたストレート（3）
ストレート（1）
ストレート（2）
サテン（2）
ストレート（1）
サテン（2）
ストレート（1）を
２回繰り返し、表に出した
糸を毛の長さでカットする
ストレート（1）
ロングアンドショート（2）

[p.12-13 どうぶつズック]

指定以外　ストレート（2）

猿
毛・ライン　310
皮膚　543
目　310・3862
口　778
ヒゲ　E5200

ライオン
頭　938
毛　3032
あご・鼻の下・
目のまわり　ECRU
目　310・3822
ライン　3371
ヒゲ　E5200

猫
毛（白）　ECRU
毛（茶）　3371・3072
目　827・825・BLANC
ヒゲ　E5200

犬
毛　738・ECRU
目・鼻　310
ライン　689
舌　151・3859

レッサーパンダ
耳・毛（白）　ECRU
耳の中・目・鼻・口　310
毛（頭の茶）920
毛（頬の茶）3371
ヒゲ　E5200

象
顔　645・414
キバ　ECRU
目・しわ　310

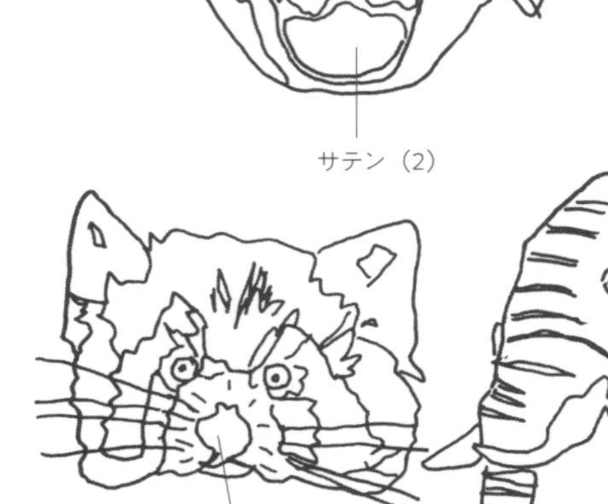

［p.14-15 猫エプロン］

コム

指定以外　ストレート（1）

耳　3031・3863
毛　B5200
目のまわり　3031
目の中　E3852・E3849
鼻　400
鼻まわり・口の下　950
ヒゲ　E5200

サテン（1）

福

指定以外　ストレート（1+2）

顔　310・435
四肢　422
目　E3852
鼻　778
鼻下　422
ヒゲ・触毛　E5200
毛（白）　B5200

ストレート（1）
ストレート（2）
ストレート（1）
サテン（2）

［p.16 カワウソ］

指定以外　ストレート（2）

毛（茶）　898
毛（白）　3866
口（顔だけの作品）　898
耳・目・鼻・口（全身の作品）　310
ヒゲ　E5200

ロングアンドショート（2）
ストレート（1）
ストレート（1+2）
サテン（2）

ストレート（1）
サテン（2）
ロングアンドショート（2）

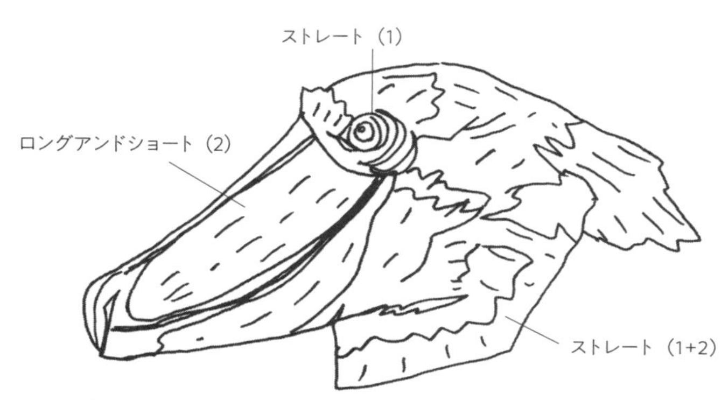

[p.17 ハシビロコウ]

指定以外　ストレート（2）

顔　169・317・415・318・645・844
くちばし　3799・169・967・844
後ろ毛　3866
目　310・BLANC
ライン　310

ストレート（1）
ストレート（1）
ストレート（1）
サテン（2）
ロングアンドショート（1+2）

[p.18-19 犬サコッシュ]

指定以外　ストレート（1+2）

モコゾウ
顔・体　ECRU・3866
背中　3828・3021
耳　3828・ECRU・844
目・鼻　310・BLANC
目のまわり　611・3031
口　223・310
鼻のまわり　645
ヒゲ　E5200

[p.20-21 犬ブローチ]

指定以外　ストレート（1）

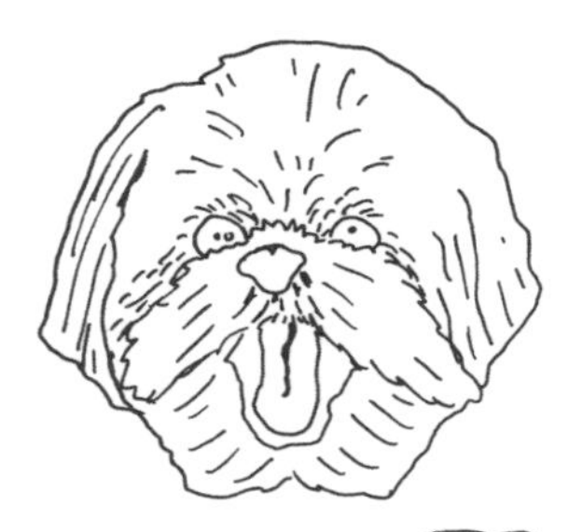

モコゾウ
顔　ECRU
目のまわり　647
耳　3782・644
鼻・目・口　310
舌　223・3726
ヒゲ　E5200

浮かせた
ストレート（1）

リリー
顔　611・645・414・647
顔の中央　415・647
目　3781
鼻　938・310
口　645・3716
口のまわり　415

ダンデ
顔（白）　ECRU
顔（茶）433・3864
目　829・310・BLANC
おでこ　3828
目のまわり　869
鼻　310・938
耳　3828・869・420
口　938
ヒゲ　E5200

はち
顔　ECRU・543
耳　842・841・3790
目のまわり　840
目　838・310・BLANC
鼻　3799
口　3716・BLANC・310
ヒゲ　E5200

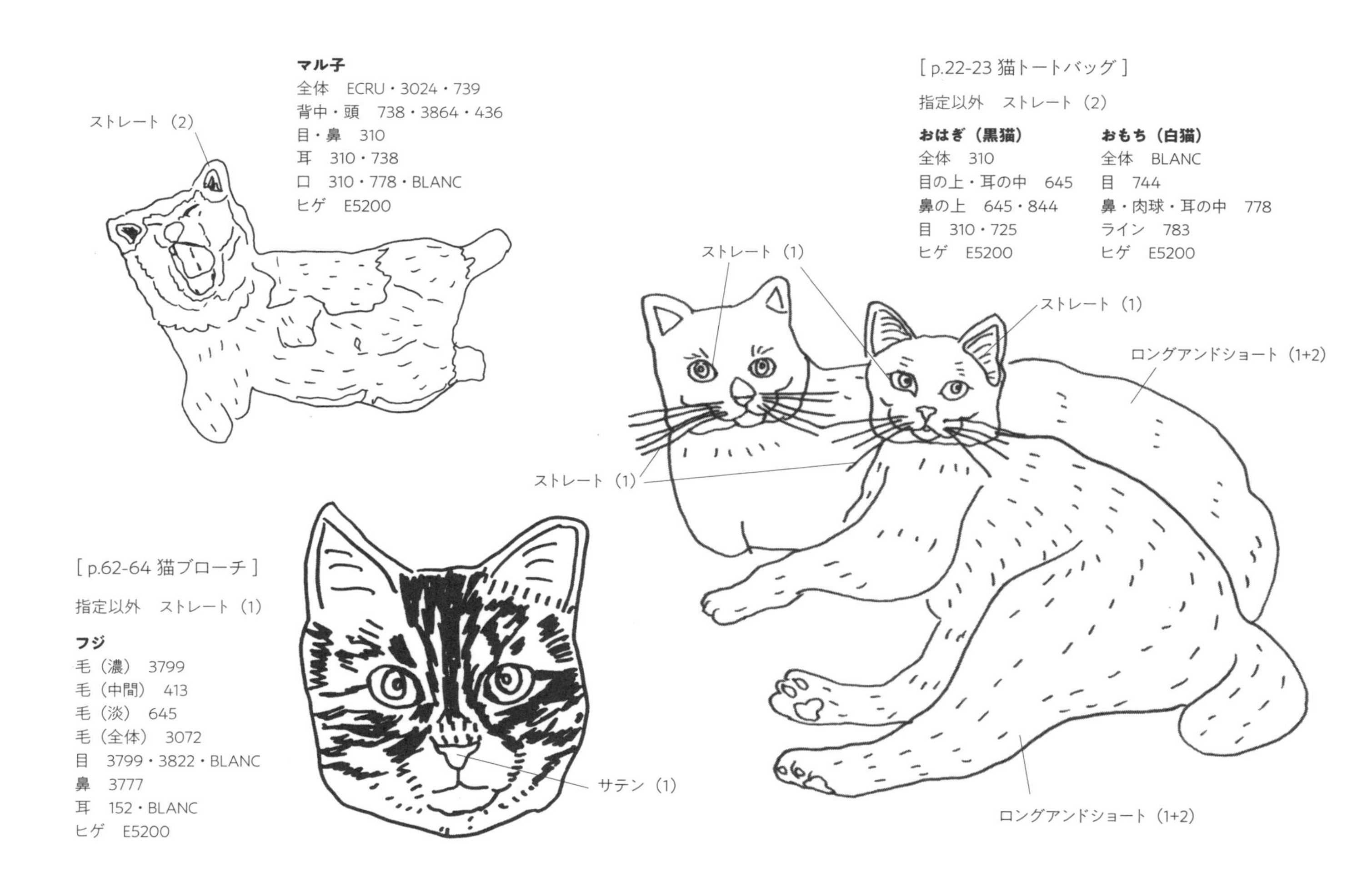
マル子
全体　ECRU・3024・739
背中・頭　738・3864・436
目・鼻　310
耳　310・738
口　310・778・BLANC
ヒゲ　E5200
ストレート（2）
[p.22-23 猫トートバッグ]
指定以外　ストレート（2）
おはぎ（黒猫）
全体　310
目の上・耳の中　645
鼻の上　645・844
目　310・725
ヒゲ　E5200
おもち（白猫）
全体　BLANC
目　744
鼻・肉球・耳の中　778
ライン　783
ヒゲ　E5200
ストレート（1）
ストレート（1）
ロングアンドショート（1+2）
ストレート（1）
ロングアンドショート（1+2）
[p.62-64 猫ブローチ]
指定以外　ストレート（1）
フジ
毛（濃）　3799
毛（中間）　413
毛（淡）　645
毛（全体）　3072
目　3799・3822・BLANC
鼻　3777
耳　152・BLANC
ヒゲ　E5200
サテン（1）

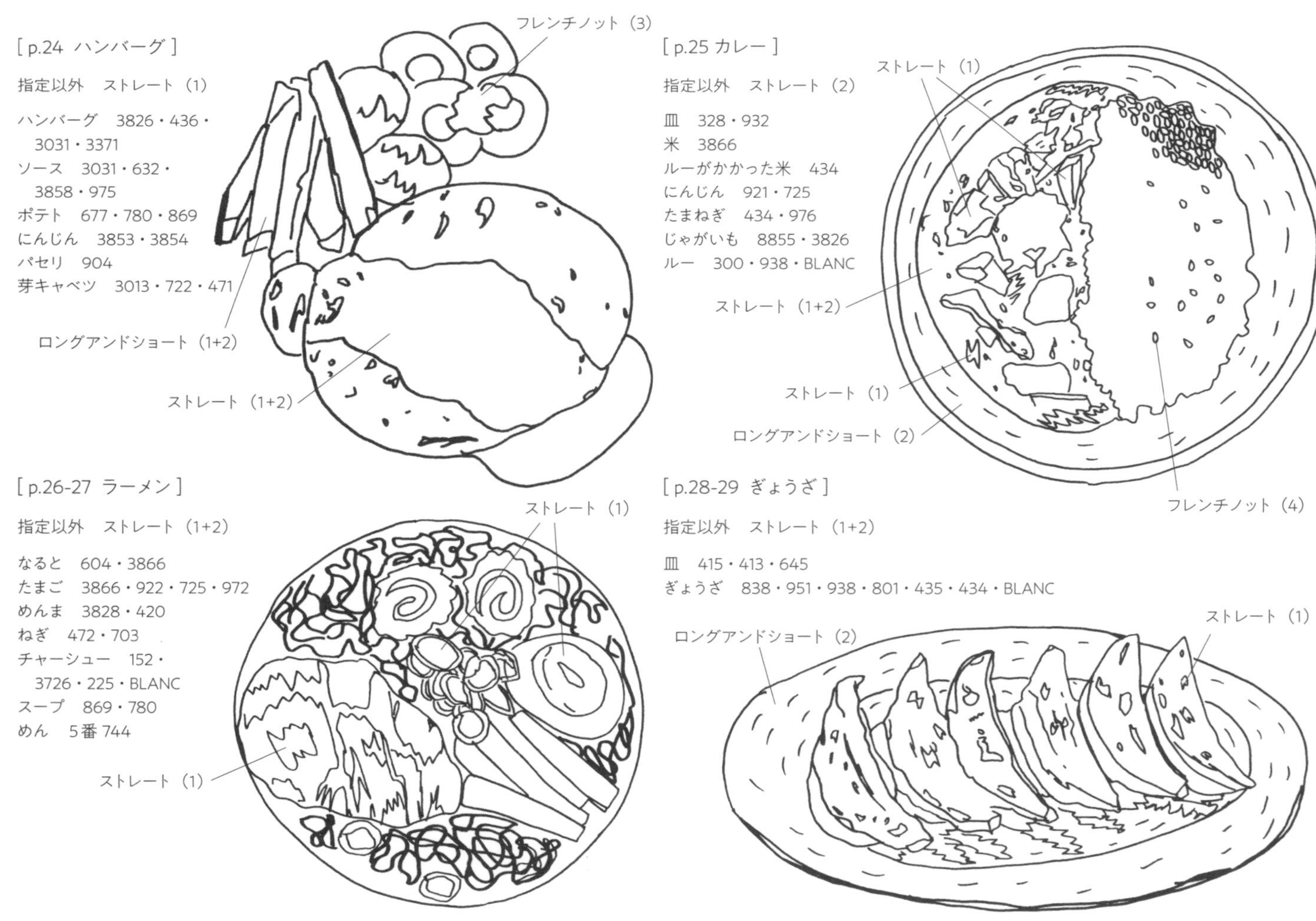

[p.24 ハンバーグ]

指定以外　ストレート（1）

ハンバーグ　3826・436・3031・3371
ソース　3031・632・3858・975
ポテト　677・780・869
にんじん　3853・3854
パセリ　904
芽キャベツ　3013・722・471

[p.25 カレー]

指定以外　ストレート（2）

皿　328・932
米　3866
ルーがかかった米　434
にんじん　921・725
たまねぎ　434・976
じゃがいも　8855・3826
ルー　300・938・BLANC

[p.26-27 ラーメン]

指定以外　ストレート（1+2）

なると　604・3866
たまご　3866・922・725・972
めんま　3828・420
ねぎ　472・703
チャーシュー　152・3726・225・BLANC
スープ　869・780
めん　5番 744

[p.28-29 ぎょうざ]

指定以外　ストレート（1+2）

皿　415・413・645
ぎょうざ　838・951・938・801・435・434・BLANC

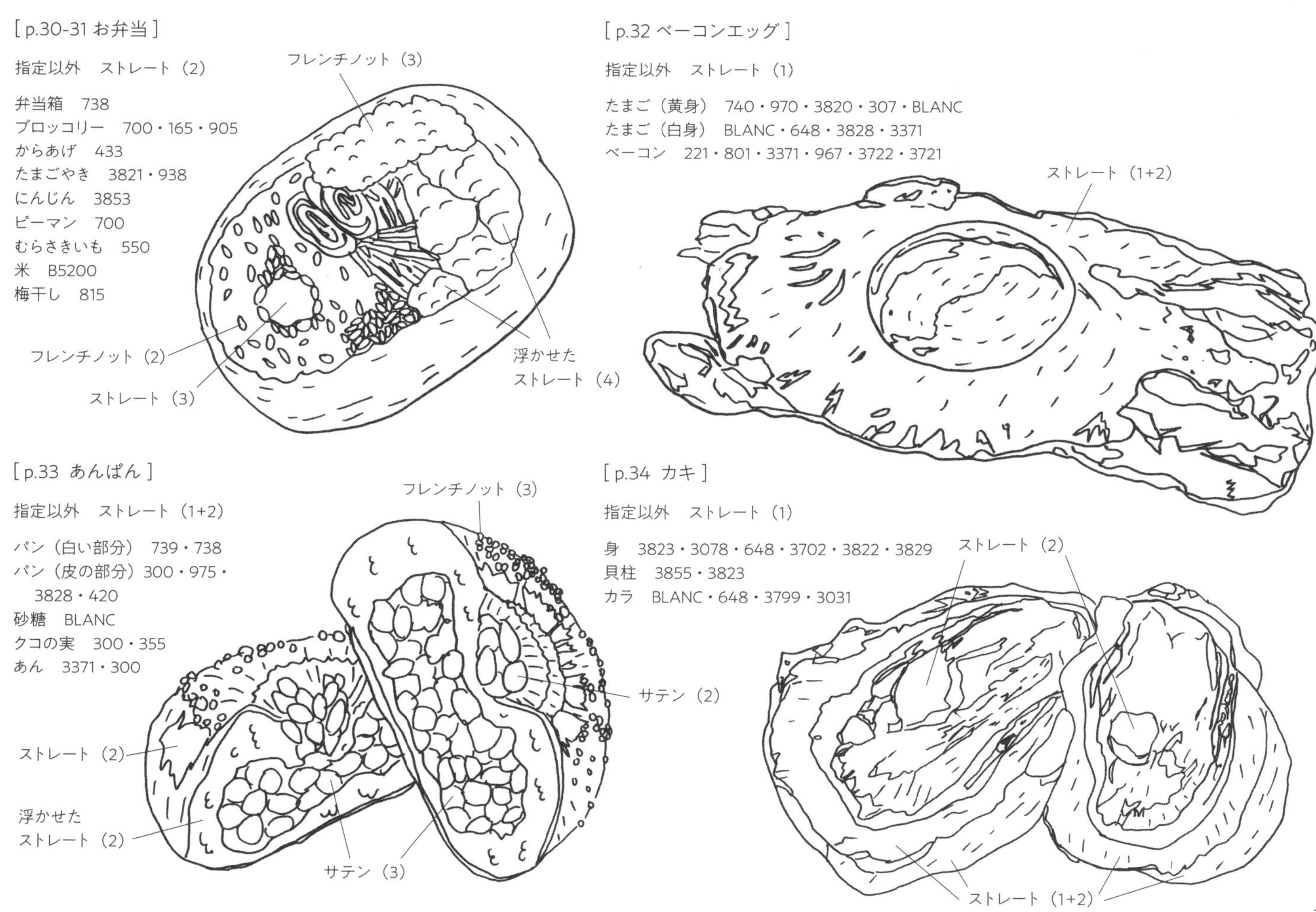

[p.30-31 お弁当]

指定以外　ストレート（2）

弁当箱　738
ブロッコリー　700・165・905
からあげ　433
たまごやき　3821・938
にんじん　3853
ピーマン　700
むらさきいも　550
米　B5200
梅干し　815

[p.32 ベーコンエッグ]

指定以外　ストレート（1）

たまご（黄身）　740・970・3820・307・BLANC
たまご（白身）　BLANC・648・3828・3371
ベーコン　221・801・3371・967・3722・3721

[p.33 あんぱん]

指定以外　ストレート（1+2）

パン（白い部分）　739・738
パン（皮の部分）300・975・
　3828・420
砂糖　BLANC
クコの実　300・355
あん　3371・300

[p.34 カキ]

指定以外　ストレート（1）

身　3823・3078・648・3702・3822・3829
貝柱　3855・3823
カラ　BLANC・648・3799・3031

[p.35 あじのひらき]

指定以外　ストレート（1）

全体　945
すじ・まわり　938・801・435・436・ECRU・3371
尾　645・435・945

[p.36-37 クッキー]

指定以外　ストレート（1+2）

市松模様　738・938・420
うずまき　3031・677
チョコチップ　840・739・3371
アンゼリカ　739・3862・905・355

[p.38 あんみつ]

指定以外　ストレート（1+2）

抹茶ようかん　3345
ぎゅうひ（緑）905
ぎゅうひ（ピンク）3608
もも　3820
あんこ　154・553
みかん　3853
パイン　445・973
アイス　BLANC
チェリー　304
豆　814・154
皿　647・762・3072

[p.39 ピザ]

指定以外　ストレート（2）

生地　738・3862・938・3371
バジル　890
トマト　304・3819
トマトソース　946・743
チーズ　BLANC

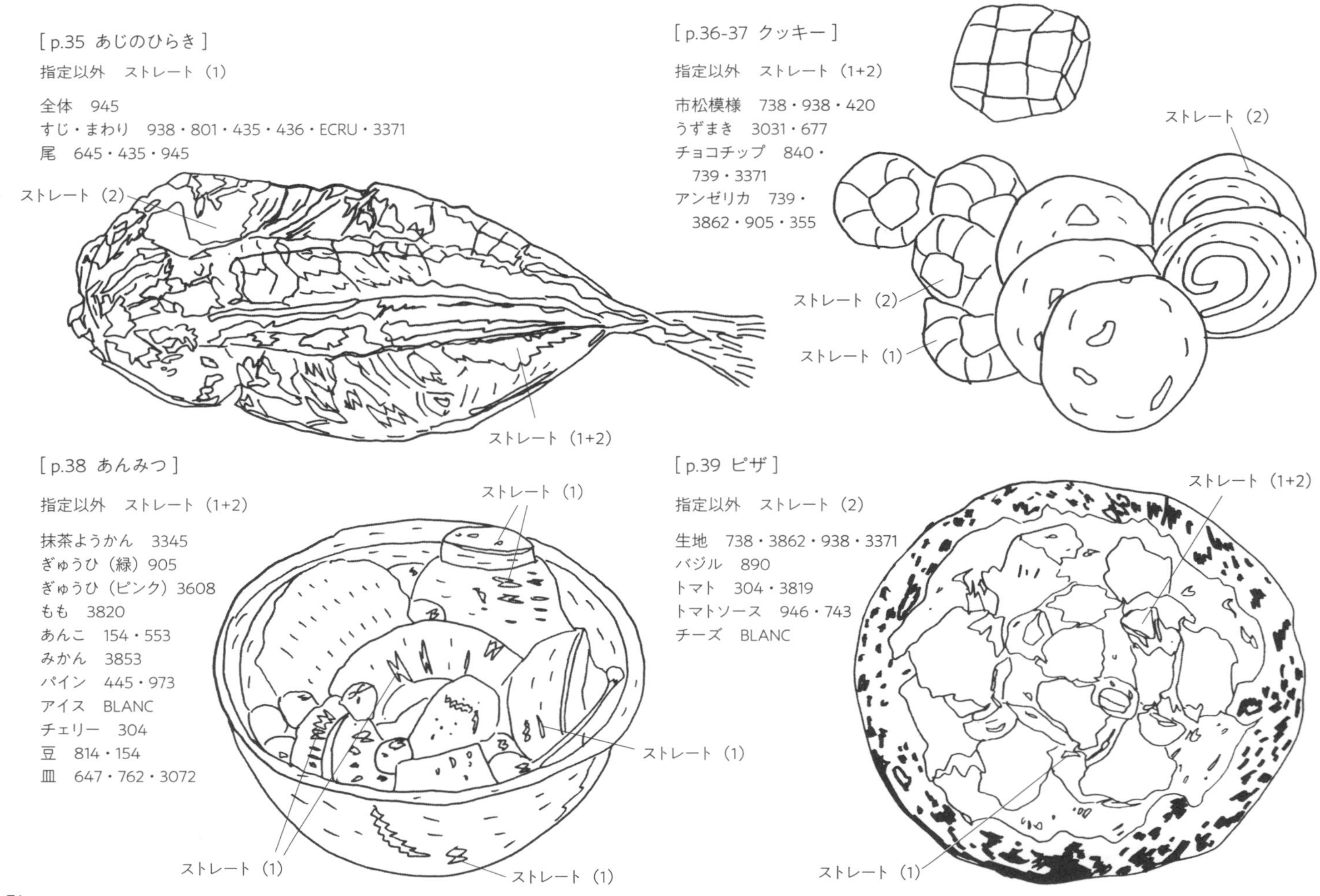

[p.40 西郷どん]

指定以外　ストレート（2）

髪・眉毛・目・ライン・えり　310
肌　3827・977・951・BLANC
着物　824

犬
毛　829・3046・644・610
目・鼻・口　310・BLANC

ストレート（1）
ストレート（1）
ロングアンドショート（2）
ストレート（1）
ストレート（1+2）

[p.41 龍馬さん]

指定以外　ストレート（2）

髪・眉毛・ライン　310
肌　BLANC・3865・3827・3863
目　310・BLANC
着物　413・3799
袴　647・3371

犬
毛　434・413・801
目　310・BLANC
耳　938
口　310
鼻　E310

ストレート（1）
ストレート（1）
サテン（2）
ロングアンドショート（2）

［p.42-43 女の人ワンピース］

指定以外　ストレート（2）

髪　729
肌　950・225・224
ライン　3371・610
目　BLANC・3371
口　3688
服　3716

ストレート（1）
浮かせた
ストレート（5）
ストレート（1+2）
ロングアンドショート（2）

［p.44 マリー・アントワネット］

指定以外　ストレート（2）

髪　415
肌　BLANC・818・963
肌ライン　420・3828
目　BLANC・3849・310
口　223
帽子　745・BLANC・羽根
ドレス　471・レース
えり　745・726

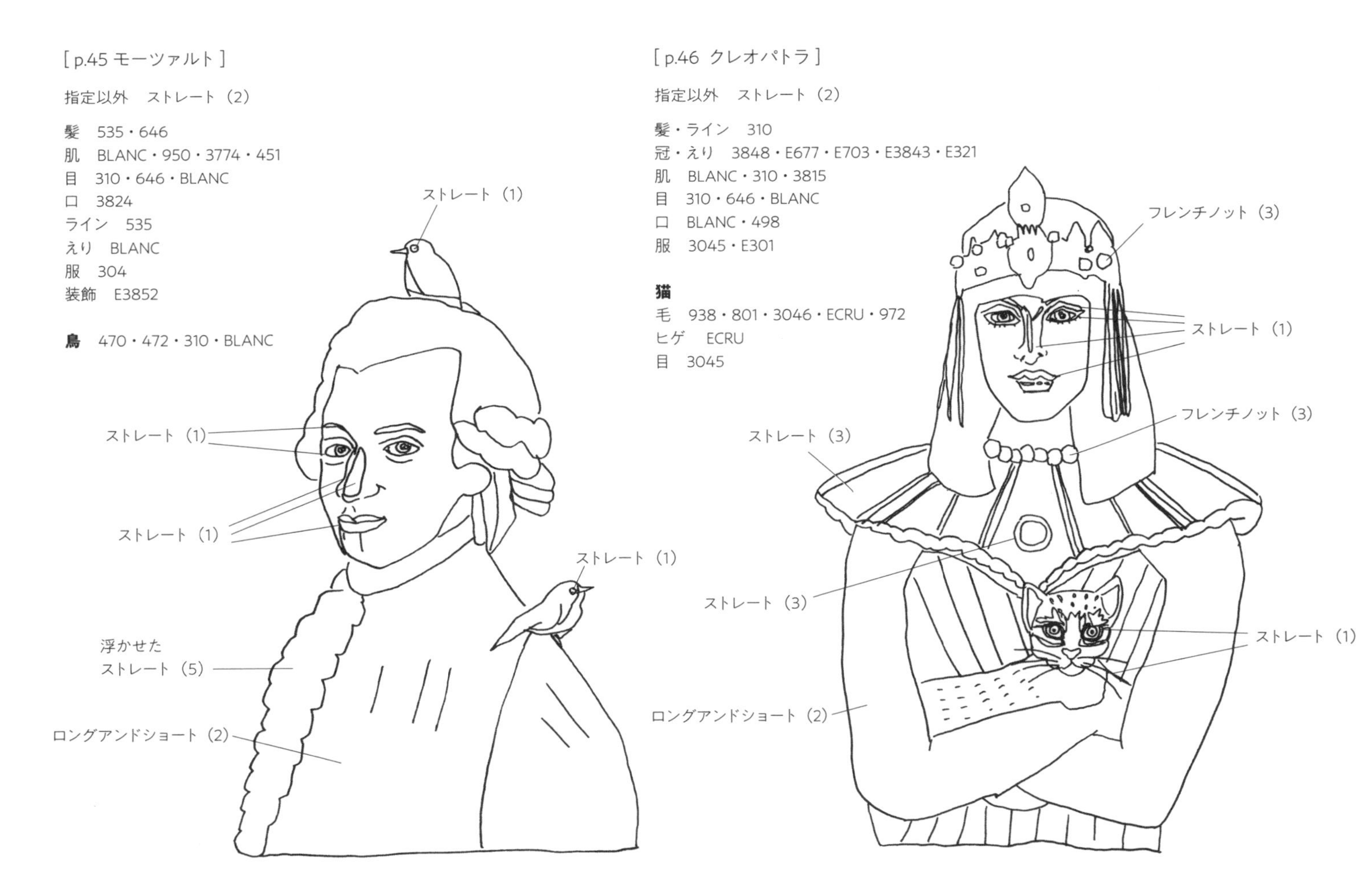
[p.45 モーツァルト]
指定以外　ストレート（2）
髪　535・646
肌　BLANC・950・3774・451
目　310・646・BLANC
口　3824
ライン　535
えり　BLANC
服　304
装飾　E3852
鳥　470・472・310・BLANC
ストレート（1）
ストレート（1）
ストレート（1）
ストレート（1）
浮かせた
ストレート（5）
ロングアンドショート（2）
[p.46 クレオパトラ]
指定以外　ストレート（2）
髪・ライン　310
冠・えり　3848・E677・E703・E3843・E321
肌　BLANC・310・3815
目　310・646・BLANC
口　BLANC・498
服　3045・E301
猫
毛　938・801・3046・ECRU・972
ヒゲ　ECRU
目　3045
フレンチノット（3）
ストレート（1）
フレンチノット（3）
ストレート（3）
ストレート（3）
ストレート（1）
ロングアンドショート（2）

[p.47 男の人ジャケット]

指定以外　ストレート（2）

髪　780・3371・801
肌　945・951
眉毛　801・3031
ライン　3371
目　3371・3781
口　761
服　3046

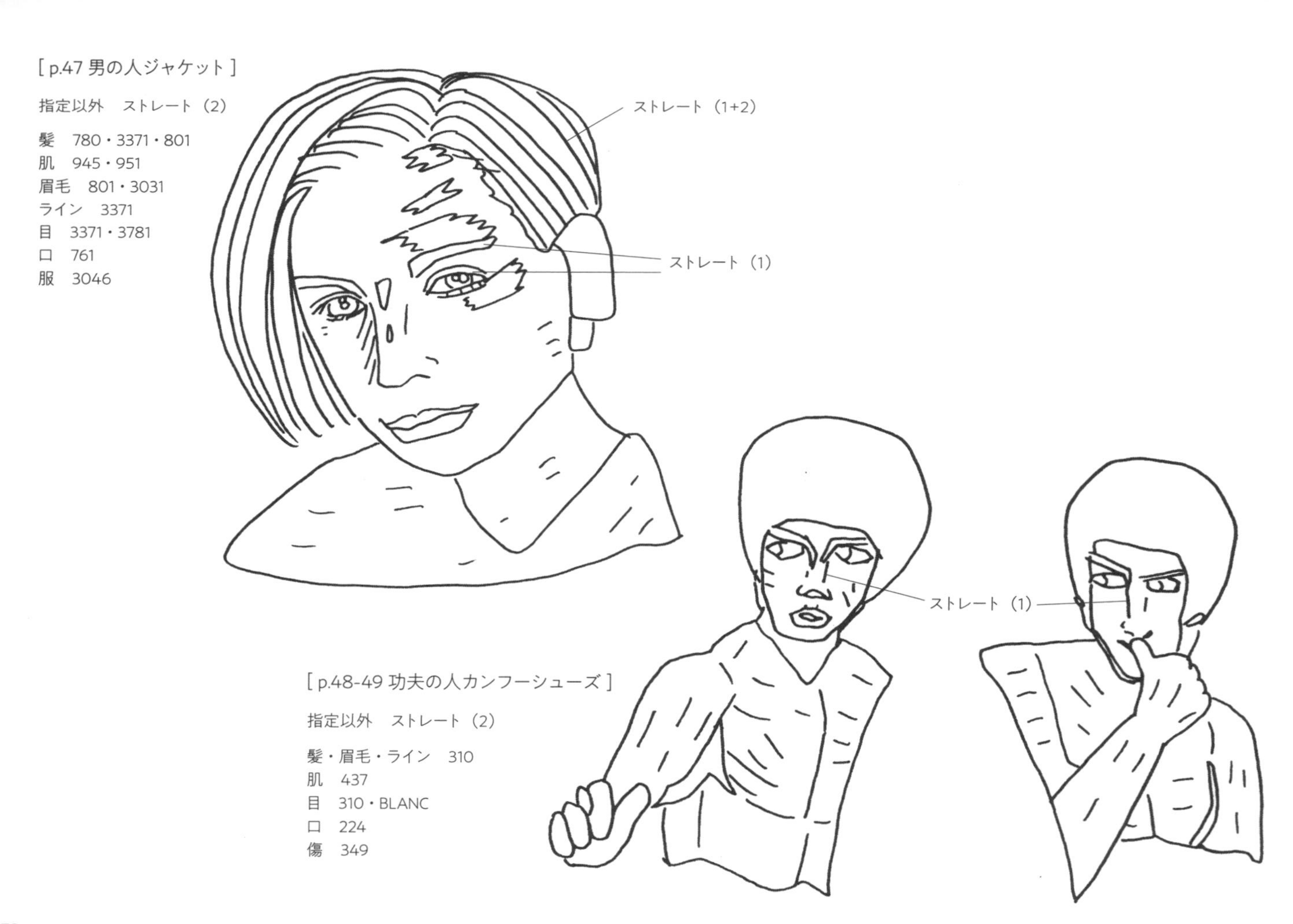

[p.48-49 功夫の人カンフーシューズ]

指定以外　ストレート（2）

髪・眉毛・ライン　310
肌　437
目　310・BLANC
口　224
傷　349

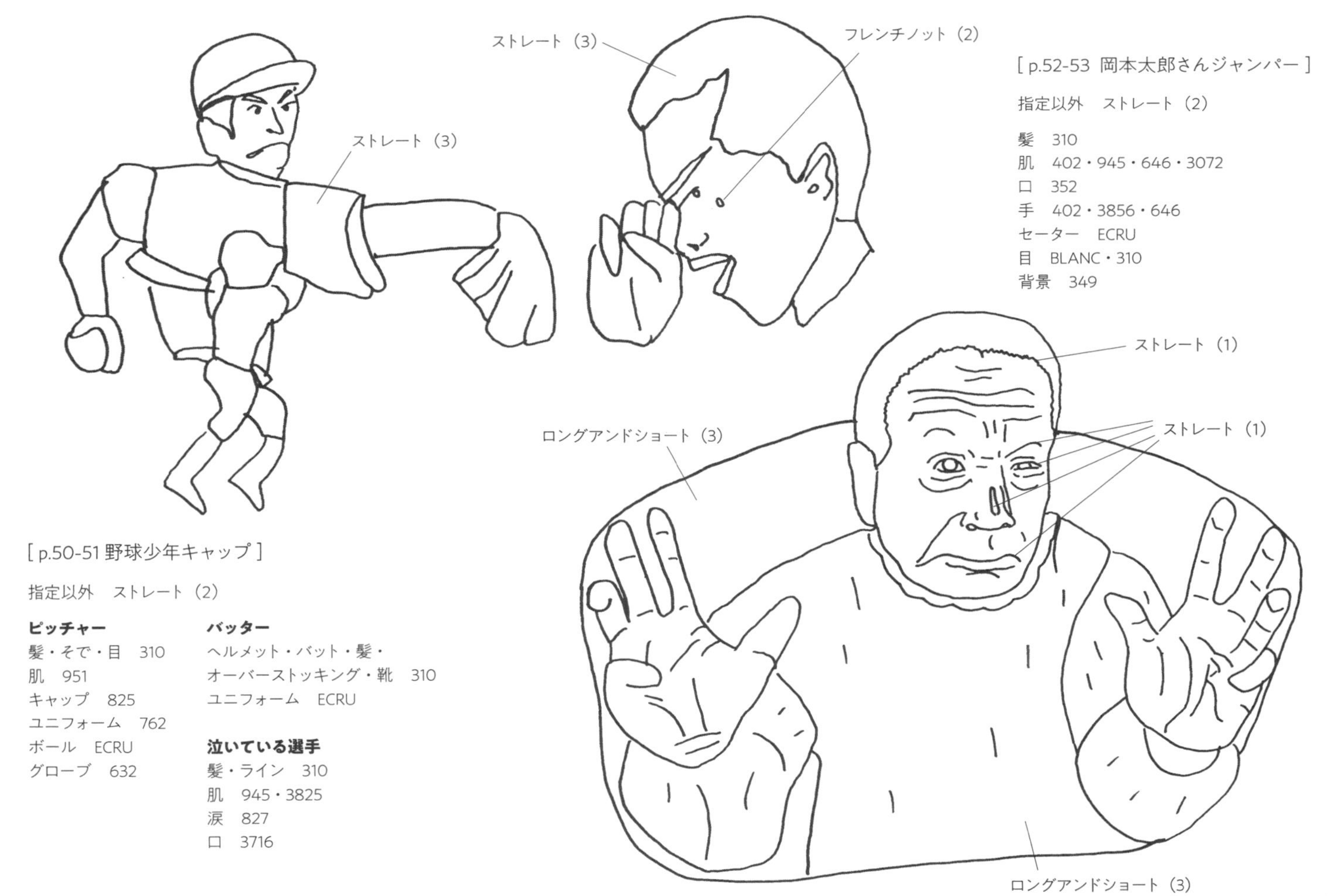

[p.52-53 岡本太郎さんジャンパー]

指定以外　ストレート（2）

髪　310
肌　402・945・646・3072
口　352
手　402・3856・646
セーター　ECRU
目　BLANC・310
背景　349

[p.50-51 野球少年キャップ]

指定以外　ストレート（2）

ピッチャー
髪・そで・目　310
肌　951
キャップ　825
ユニフォーム　762
ボール　ECRU
グローブ　632

バッター
ヘルメット・バット・髪・
オーバーストッキング・靴　310
ユニフォーム　ECRU

泣いている選手
髪・ライン　310
肌　945・3825
涙　827
口　3716

小菅くみ
刺繍作家。日本大学藝術学部写真学科卒。
絶妙なセンスでチョイスしたモチーフを
毛並や質感、表情まで刺繍で表現して話題に。
巧みな技術とユーモラスな作風が支持され、
個展やグループ展、ポップアップショップ
などを多数開催。
Instagram @kumikosuge

[p.1 クリームソーダ]

指定以外　ストレート（1）

さくらんぼ　666
ソーダ　12・16・907・699・BLANC・3346
スプーン　01・BLANC
アイス　BLANC・3078・744
グラス　01・928・162・3841・BLANC

アウトライン（1）

撮影：鈴木七絵
（p.1、p.56～64は著者が撮影）
ブックデザイン：野中深雪

Special thanks
コムちゃん、ダンデちゃん、はちちゃん、ひさちゃん、福ちゃん、
フジちゃん、マル子ちゃん、モコゾウちゃん、リリーちゃん、ブイコちゃん、
うしちゃん、こはるちゃん、おはぎちゃん、おもちちゃん、みずきくん、
中華料理 萬来軒、岡本太郎記念館、マガジンハウス、ケイタイモ

小菅くみの刺繍 どうぶつ・たべもの・ひと

2021年7月15日 第1刷発行

著　者　小菅くみ
発行者　鳥山靖
発行所　株式会社文藝春秋 〒102-8008 東京都千代田区紀尾井町3-23
電話 03-3265-1211
印刷・製本　光邦

ISBN 978-4-16-391400-8